anythink

D0118594

Animales en mi patio
VENADOS
Jordan McGill

SPANISH & ENGLISH eBOOKS

AV²
BY WEIGL™

ADDED VALUE • AUDIO VISUAL

Go to **www.av2books.com**, and enter this book's unique code.

BOOK CODE

M 2 5 1 2 5 6

AV² by Weigl brings you media enhanced books that support active learning.

This AV² media enhanced book gives you a fully bilingual experience between English and Spanish to learn the vocabulary of both languages.

English

Spanish

AV² Bilingual Navigation

X CLOSE

⌂ HOME

CHANGE LANGUAGE
ENGLISH SPANISH

LANGUAGE TOGGLE

BACK NEXT

PAGE TURNING

Animales en mi patio
VENADOS

CONTENIDO

Conoce al venado.

Él tiene astas grandes y se llama ciervo. Ella se llama cierva.

Él aprende cómo huir del peligro cuando es joven.

Cuando es joven, vive con su familia.

Cada año le crecen astas nuevas.

Cada año sus astas se hacen más grandes.

Come plantas con sus fuertes dientes.

Con sus fuertes dientes mastica
su alimento rápidamente.

Huele con su nariz.

Con su nariz, sabe cuando se acerca el peligro.

Ve con sus grandes ojos.

Con sus grandes ojos, vigila adelante y atrás, atento al peligro.

Con sus patas fuertes
puede correr rápidamente
y también saltar y nadar.

Vive en el bosque.

En el bosque, puede estar seguro.

Si te encuentras con un venado, él posiblemente se asuste. Puede correr hacia ti.

Si te encuentras con él, aléjate.

DATOS ACERCA DE LOS VENADOS

Esta página proporciona más detalles acerca de los datos interesantes que se hallan en este libro. Basta con mirar el número de la página correspondiente que coincida con el dato.

Páginas 4–5

Los venados son mamíferos. Los mamíferos están cubiertos de pelo. En el verano, su pelo suele ser marrón rojizo. En el invierno es grisáceo. Estos colores le permiten integrarse a sus entornos. Esto ayuda a que los venados se escondan de sus depredadores.

Páginas 6–7

Las crías de venado se llaman cervatillos. Poco después de nacer, la cierva lame al cervatillo para limpiarlo. Esto impide que los depredadores huelan a las crías. A menudo los machos dejan a su mamá después de un año. Las hembras se van después de dos años. Antes de esto, los padres de venado enseñan a sus crías a vivir por su propia cuenta. Aprenden a vigilar y a huir de los depredadores. Cuando los venados dejan a sus padres, son adultos.

Páginas 8–9

Los venados son los únicos animales con astas en la cabeza. A menudo, sólo los machos tienen astas. Los venados mudan sus astas cada año. En el verano les crecen las astas nuevas. Si comen bastante comida saludable, sus astas crecerán más grandes cada año. Un venado chocará sus astas contra las de otro venado para luchar por territorio o por una pareja.

Páginas 10–11

Los venados comen plantas, tales como hierbas, hojas y pasto. El estómago del venado tiene cuatro cámaras para ayudarle a digerir este alimento con mayor facilidad. En la primera cámara, los ácidos descomponen la fibra dura de las plantas. Luego, el venado regurgita el alimento, lo vuelve a masticar y lo traga. El alimento luego pasa a través de las otras tres cámaras del estómago. Los venados temen a los depredadores. Esto hace que coman su alimento rápidamente.

Páginas 12–13

Los venados tienen un fuerte sentido del olfato. Pueden oler a los depredadores a larga distancia. Se lamen la nariz para mantenerla húmeda. Esto aumenta su sentido del olfato. El sentido del olfato les ayuda a saber si una zona es segura. Los venados también usan su sentido del olfato para identificar a otros venados. Pueden detectar si otro venado es macho o hembra, y si es fuerte o débil.

Páginas 14–15

Los venados tienen ojos grandes a ambos lados de la cabeza. Esto les permite ver hacia delante y hacia atrás sin mover la cabeza. Están atentos a los depredadores, tales como los lobos, los pumas y la gente.

Páginas 16–17

El cuerpo del venado está adaptado para ofrecer protección contra los depredadores. Las patas fuertes permiten que el venado salte cercas de nueve pies (2.7 metros). Puede nadar trece millas (21 kilómetros) por hora. Los venados pueden correr a más de cuarenta millas (64 kilómetros) por hora.

Páginas 18–19

La mayoría de los venados viven en bosques o cerca de praderas herbosas. Los venados buscan lugares rodeados de hierbas altas, plantas, árboles y arbustos. Estos los protegen del tiempo riguroso, como la lluvia o la nieve. También los esconden de los depredadores. A medida que la gente se muda a los hábitats de los venados, estos tienen dificultad para sobrevivir. La gente corta los árboles que los venados necesitan para esconderse.

Páginas 20–21

A menudo se pueden ver venados en los parques y en las zonas naturales. Haz ruidos fuertes para que los venados sepan que hay personas que están cerca. No hay que acercárseles a los venados. Las personas no deben alimentar ni tocar a los venados. Si una persona se encuentra con un venado en la naturaleza, debe retroceder con calma. Los movimientos bruscos pueden hacer que el venado embista.

Check out av2books.com for your interactive English and Spanish ebook!

1 Go to av2books.com

2 Enter book code

```
M 2 5 1 2 5 6
```

3 Fuel your imagination online!

www.av2books.com

Published by AV² by Weigl
350 5th Avenue, 59th Floor New York, NY 10118
Website: www.av2books.com   www.weigl.com

McGill, Jordan.
  [Deer. Spanish]
  Venados / Jordan McGill.
     p. cm. -- (Animales en mi patio)
  ISBN 978-1-61913-193-4 (hard cover : alk. paper)
  1. Deer--Juvenile literature. I. Title.
  QL737.U55M36518 2012
  599.65--dc23

                         2012018357

Printed in the United States of America in North Mankato, Minnesota
1 2 3 4 5 6 7 8 9 0 16 15 14 13 12

012012
WEP170112

Senior Editor: Heather Kissock
Art Director: Terry Paulhus

Weigl acknowledges Getty Images as the primary image supplier for this title.